AF263509

LETTRES

SUR

LA ROYALE ABBAYE

D'HAUTECOMBE.

À GÊNES.

De l'Imprimerie d'A. Ponthenier.

1827.

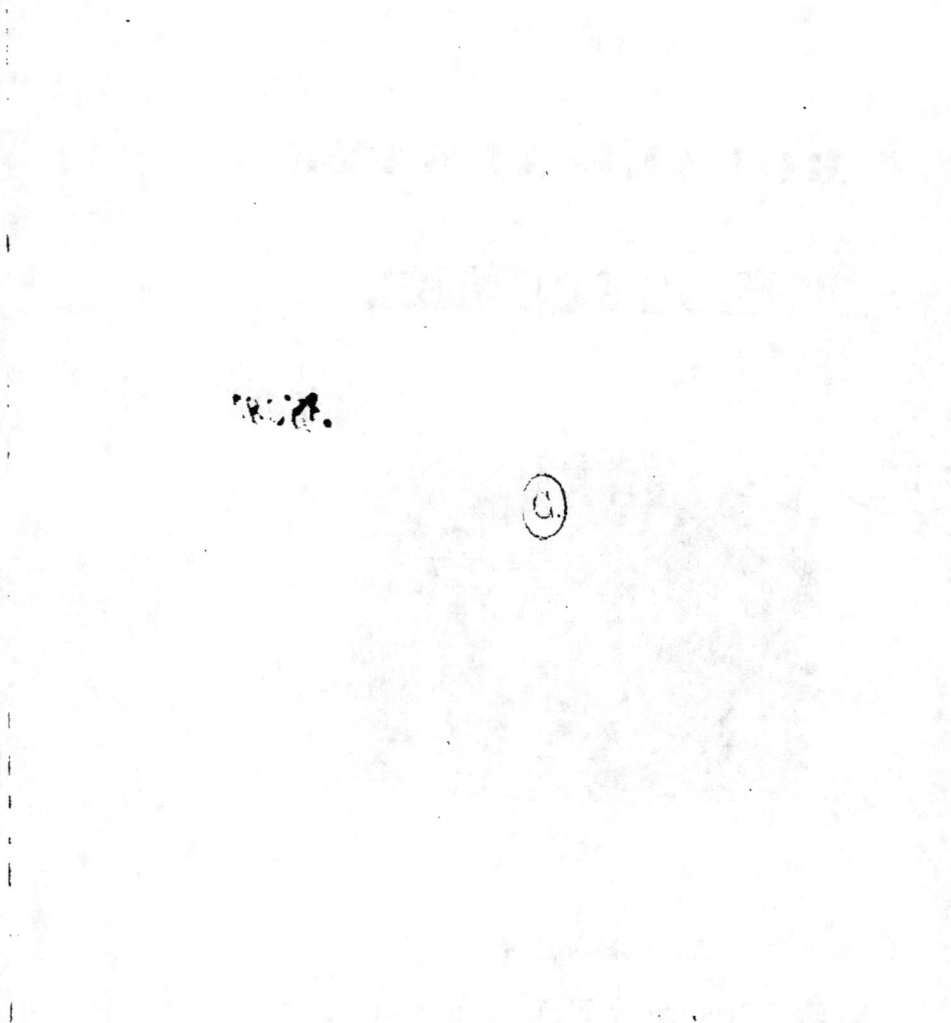

AVIS DE L'ÉDITEUR.

Ces lettres écrites l'année dernière, comme on le verra, ne sont tombées dans nos mains que dans le moment actuel. Tout en regrettant que le Public n'en ait pas joui plutôt, nous nous en applaudissons à la fois, puisqu'en les lui offrant aujourd'hui nous lui apprenons, que le produit de la vente de ce petit ouvrage est destiné à secourir les malheureux incendiés de *Montpascal* en Maurienne (Duché de Savoie) dont le village, composé de 80 habitations, a été le 16 Mai dernier réduit en cendres, ainsi que tous leurs meubles, bestiaux et provisions, l'Église le presbytère, vingt d'entr'eux même ont péri sous les décombres, et 400 individus errent dans ce moment attendant de la providence secours !

Le noble sujet traité dans ces lettres, le mérite du style, et l'emploi touchant du produit de la vente de cet ouvrage, tout nous assure du succès avec lequel il sera accueilli par le Public.

Génes, le 12 *Juin* 1827.

Se vend à Génes, chez Ponthenier.
    à Turin, chez Marietti.
    à Chambery, chez Puthod, cadet.
    à Annecy, chez Burdet.
    à Lyon, chez Louis Perin, grande rue
      Mercière, N.° 49.
      Prix == Fr. 2.

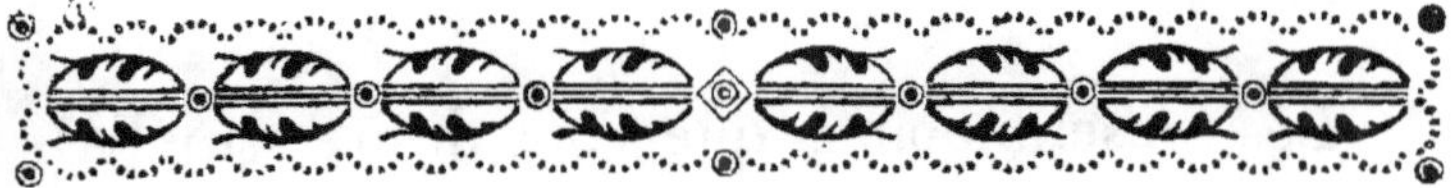

PREMIÈRE LETTRE.

Hautecombe 25 Août 1826.

Vous regrettez, Monsieur, d'être absent de votre patrie dans le moment où elle voit relever les tombeaux de ses princes ; vos amis ont éprouvé un semblable regret, en ne vous trouvant point alors au milieu d'eux. La restauration d'Hautecombe a été un jour de triomphe et de joie pour tous les vrais serviteurs de la Monarchie, et vous avez toujours été compté dans leurs rangs. Tandis que de coupables efforts cherchent à déshériter la génération qui s'élève, des anciens souvenirs comme des antiques vertus, cet héritage devient toujours plus cher aux gens de bien et aux amis du Trône : ils s'attachent avec plus de force aux débris du temps passé, et se trouvent plus heureux de pouvoir transmettre à leurs enfans des traditions qui leur apprennent à aimer leur Souverain et à s'honorer de leur pays.

Les renseignemens que vous desirez sur l'Abbaye d'Hautecombe, et sur sa restauration ne pourront diminuer que très-faiblement le regret que vous éprouvez; mais si vous n'avez pu entendre les applaudissemens donnés de toutes les parties de l'État à l'heureuse exécution du pieux et noble projet de notre Monarque bien aimé, vous aurez au moins la satisfaction d'applaudir vous même.

Quoique vous n'ayez contemplé le Lac du Bourget, que des hauteurs qui dominent Chambery, vous n'aurez sûrement pas perdu le souvenir de l'azur de ses eaux et du contraste de sa sauvage rive occidentale, avec la riante culture et les lignes élégamment ondulées que présentent les collines de la rive opposée, ainsi que les montagnes lointaines qu'elles laissent voir derrière elles. C'est au milieu de l'enceinte perpendiculaire que forme la côte du couchant, qu'est placée la colline, ou le promontoire d'Hautecombe, qui semble être sorti du sein des eaux, ou plutôt être descendu du flanc des rochers contre lesquels il s'appuie. C'est en vain qu'en abordant sur cette plage, l'œil cherche une route pour pénétrer plus avant ou pour sortir; on voit que toute issue est impossible, et lorsque le voyageur n'a plus sous le yeux la barque qui l'a conduit dans cette solitude, le sentiment de l'*isolement* s'empare de son ame plus vivement encore que dans une position véritablement insulaire; heureusement la nature s'est plue à embellir cette Thébaïde: de magnifiques points de vue, de beaux ombrages et des eaux limpides en font une espèce d'*Oasis* placée au milieu des rochers et des broussailles. Il faut ajouter à tous ces dons une température plus douce que dans le reste de la contrée: M. de Saussure a trouvé sur des rochers très-rapprochés d'Hautecombe plusieurs plantes qui n'appartiennent qu'aux climats méridionaux. En effet les vins blancs que produisent les environs de l'Abbaye sont très-fins et presque liquoreux.

Une des premières observations qui se présente à l'esprit en visitant *Hautecombe*, est la contradiction qui existe entre le nom de ce Monastère et sa situation; rien n'est plus opposé à l'idée d'un *Vallon élevé* que celle d'un promontoire à fleur d'eau. Cette singularité est expliquée par le titre de la fondation d'Hautecombe, où l'on voit que ce nom était celui du Monastère dont S.t Amédée d'Hauterive était déjà Abbé avant la donation d'Amédée III.; cette Abbaye était située dans la montagne de Cessens, et à l'époque de la révolution française, il en existait encor quelques ruines qui paraissaient indiquer qu'elle était composée de cellules isolées les unes des autres et qu'elle avait été consumée par un incendie. Quant au nom primitif du lieu où les moines de S.ᵗ Basile transportèrent leur habitation, d'anciens titres le nomment l'*Acharaz* en latin *Charaja*; et quoique le nom d'un site semblable dût probablement avoir une signification analogue à sa position, l'étymologie de celui-ci est inconnue, et l'inscription romaine trouvée à Hautecombe ne donne aucune lumière sur ce sujet.

Le titre de la fondation de 1125 tel qu'il se lit dans Guichenon, énonce que *Charaïa* était situé *sur les rivages du lieu de Châtillon*; mais il paraît que ce texte est incorrect et qu'il faut lire le *Lac* de Châtillon; ce qui est d'autant plus probable, que le nom du Bourget commencait seulement alors à remplacer l'ancien nom de Mallacène. Si ce lac doit encor changer de nom, il s'appellera sans doute le lac d'Hautecombe, car ni ses rivages, ni la vallée dans laquelle il est resserré ne renferment de position aussi remarquable ou aussi célèbre que ce promontoire, qui s'avance au milieu de ses eaux. Puisse ce nouveau nom, remplaçant insensiblement celui de *Bourget*, annoncer d'avance à l'étranger ce qu'il doit chercher sur les rives de ce lac. et rappeler à toute la contrée la mémoire chérie de CHARLES FÉLIX et de son superbe ouvrage !

On ignore si en fondant cette Abbaye, Amédée III. eût l'arrière pensée de le destiner à la sépulture des princes de sa famille. Il mourut à Nicosie et y fut enseveli ; mais son fils Humbert III, qui avait fait un long séjour dans ce Monastère, le choisit pour son tombeau, et très-vraisemblablement pour celui de ses descendans, qui y furent tous inhumés pendant plus de deux siècles, alors même qu'ils étaient morts dans des pays éloignés.

L'Abbaye s'accrût rapidement par les libéralités des Princes de Savoie. Déjà l'on voit en 1200, le Comte Thomas confirmer *toutes les investitures* qu'elle avait eues jusqu'alors ; exempter les Moines de toute espèce de Péage et défendre à ses officiers d'exiger aucune amende de leurs serfs. En 1232, il leur donna les terres de *Meiry*, de *Clarafond* et plusieurs autres domaines. Louis I.ᵉʳ de Vaud leur donna la terre de *Lavour* en Bugey. Il paraît que cette Abbaye atteignit le plus haut période de son illustration dans le 13.ᵉ siècle, pendant lequel elle donna deux Papes à l'église, Celestin IV. et Nicolas III. Dans le siècle précédent deux de ses Abbés, S.ᵗ Amédée et Godefroi, furent célèbres par leur sainteté et leurs talens. Le premier fût Evêque de Lausanne et tuteur d'Humbert III, dont il administra les états ; le second, disciple d'Abeilard et sécrétaire de S. Bernard, a composé quelques ouvrages pieux. Dès lors on ne connaît plus de personnage illustre sorti du Monastère d'Hautecombe qu'Alphonse Delbène, Archevêque d'Alby et Historiographe de Savoie.

L'Abbaye fût dans la suite érigée en commande, et de cette époque date la décadence de ses monumens. Vers la fin du 17.ᵉ siècle, on y cherchait vainement les peintures, les armoiries, et toutes les sculptures en bronze et en marbre dont la libéralité des Comtes de Savoie, s'était plue à l'enrichir. Il ne restait d'intact à cette époque que les monumens d'Humbert III. et d'Aymon; ceux de Boniface, de Savoie Archevêque de Cantorbery, de Louis de Vaud, et d'Humbert bâtard de Savoie.

Le Comte Aymon avait fait élever en 1340 la chapelle qui porta ensuite le nom de chapelle des Princes et l'avait consacrée spécialement à la sépulture de ses descendans. C'est dans le caveau situé sous la chapelle des Princes qu'ont été inhumés la plupart d'entr'eux. Neuf Comtes et deux Ducs de Savoie sont déposés à Hautecombe, Humbert III., Amédée IV., Pierre, Philippe I.ᵉʳ, Amé le grand, Edouard, Aymon, le Comte Vert, le Comte Rouge, Philippe sans terre, et Philibert le chasseur. Cette nomenclature est complète, parceque le lieu de la sépulture des autres Souverains est connu. Mais il n'en est pas de même des Princesses et des Princes non couronnés. L'obituaire d'Hautecombe n'existe plus, et Guichenon n'indique pas la sépulture de plusieurs Princes; il est probable que quelques-uns parmi eux ont dû être inhumés dans la chapelle des Princes. Ceux qu'il indique sont Boniface et Guillaume de Savoie, quatre fils de Savoie morts en bas âge. Thomas II. d'Achaïe, Louis I.er de Vand et sa femme, Jeanne de Montfort; Louis II. de Vand, Marguerite de Savoie, Comtesse de Hybourg, Agnès, fille d'Amédée V, Yolande fille de Charles I.er, outre trois Comtesses de Savoie, Germaine de Zéringhen, Sybille de Baugé, et Yolande de Montferrat.

. Vers le milieu du dernier siècle, le Monastère et la nef d'Hautecombe furent presqu'entièrement reconstruits; en 1753, les revenus de l'Abbé d'Hautecombe fûrent réunis à la S.e Chapelle du Château de Chambéry, et cette Abbaye, qui avait compté 200 habitans presque dès son origine, ne renfermait plus en 1792 qu'un très-petit nombre de religieux.

A cette époque la révolution Française envahit la Savoie et porta sa main sacrilège sur les autels et sur les sépultures d'Hautecombe. Bientôt l'Abbaye et ce qui restait encor des richesses que la pieté de nos Princes y avaient accumulées fûrent mis à l'encan. On essaya d'y établir une manufacture, qui n'eût qu'un faible succès; l'entreprise fût abandonnée et ne servit qu'à accélérer la destruction de l'édifice; les toits s'écroulèrent et entrainèrent d'autres dégradations, et l'on ne vit plus dans l'Église et les Chapelles de l'Abbaye que des débris de tombeaux, de sculptures gothiques et d'antiques vitraux entassés pêle-mêle sur le sol, cachés sous les ronces et les arbustes sauvages, et près d'être ensevelis sous d'autres ruines.

Cependant au milieu de cette dévastation, Hautecombe n'avait pas perdu toute sa beauté; sa position vraiment unique, et la merveilleuse Fontaine intermittente qu'on voit au Nord-ouest du Monastère, lui avaient conservé sa célébrité et l'admiration des gens de goût et des artistes. Ceux qui visitaient alors cette solitude détournaient leurs yeux de l'aspect lugubre de ces murs abandonnés, pour les porter sur ce beau lac et sur ses beaux rivages, ou bien, ils essayaient de gravir les sentiers suspendus sur les rochers qui dominent l'Abbaye, et de pénétrer dans ces lieux déserts, à travers les rameaux flexibles et les longues grappes fleuries des cytises dont ils sont peuplés.

Mais, si dans les jours brillans de l'été, la colline d'Hautecombe pouvait être regardée comme un des plus beaux paysages d'une contrée qui abonde en richesses de ce genre, rien n'égalait la mélancolique grandeur de cette solitude pendant les journées brumeuses de l'arrière saison; l'on n'aperçoit alors que la partie la plus rapprochée de la surface du Lac ; le reste se confond avec les nuages qui reposent sur ses flots, et qui se confondant eux-mêmes avec la couleur sombre du ciel, ne laissent plus voir qu'un horizon sans bornes. Haute-combe, dans cette saison de l'année, était totalement inhabité. Seulement on y voyait quelquefois errer autour des décombres quelques savoyards fidelles, qui pleuraient leurs Rois et leur Patrie. Attachés à l'auguste dynastie des Princes de Savoie par les liens de la foi promise ou de la reconnaissance, ils ne s'en croyaient pas affranchis par les malheurs de leur pays. Ils venaient apporter le tribut de leur profonde douleur aux cendres révérées que recelaient les souterrains d'Hautecombe, et graver sur ces monumens renversés, leurs noms alors oubliés ou proscrits. Au milieu des souvenirs de leur vieille patrie, ils retrouvaient encor cette Savoie, dont le nom même leur avait été ravi et qui n'existait plus que dans leur pensée. Mais leur amour pour elle et leur fidélité devaient être récompensés. Bientôt la Providence devait les ramener dans ce lieu, mais pour voir relever les tombes brisées de leurs Princes, pour voir sortir de ces ruines et apparaître à la voix de CHARLES FÉLIX cette noble race de guerriers, ces aigles, ces écussons qui n'avaient d'autre nom que celui de cette Savoie si constamment chérie, pour

voir enfin les lampes sacrées répandre de nouveau sous ces voûtes leur funèbre lueur et
entendre les *Hymnes interrompues recommen-
cer autour* des cercueils de leurs anciens
maîtres.

SECONDE LETTRE.

La vûe d'Hautecombe qu'on voit parmi les
gravures du Théâtre de *Savoie et de Piémont*
paraît indiquer que la disposition des Bâtimens
de l'Abbaye a presqu'entièrement changé dès
le commencement du 18.ᵐᵉ siècle : quoique les
dessins de cet ouvrage ne soient pas toujours
fidèles, on reconnaît cependant que la vue
d'Hautecombe a été prise sur les lieux, et
qu'elle ne peut par conséquent s'écarter beaucoup de la réalité ; elle n'offre d'ailleurs rien
qui soit digne d'attention, si ce n'est l'existence
de la porte extérieure située à l'angle Sud-
Ouest de l'abbaye, entièrement à l'écart du
chemin du Lac, et connue sous le nom de
porte de l'aumône ; ce qui suppose une au-

ınône habituelle et considérable, et ne permet guères de douter qu'il n'existat jadis un chemin pour arriver par terre à Hautecombe; autrement il faudrait admettre que les indigens pussent fréter des bateaux pour les transporter sur cette rive, ou que les Religieux se fûssent chargés de ce soin. Lorsqu'on aborde à Hautecombe en côtoyant la montagne dès le Port du Bourget, on est convaincu de la facilité avec laquelle on a pu frayer un chemin étroit pour les gens à cheval et les piétons, sur la base des rochers qui bordent la côte, dès le château de Bordeaux jusqu'au Monastère. D'ailleurs la grandeur ancienne de l'Église telle qu'elle est déterminée par la position des chapelles, semble indiquer qu'elle était destinée à recevoir un bien plus grand nombre de fidèles que ceux qui peuvent aborder par le Lac.

Dans la nouvelle disposition donnée à l'Église vers 1743, les anciennes dimensions de la Nef avaient été changées; de manière que le Monument d'Humbert III., qui se trouvait à la porte extérieure de l'Église, s'est trouvé placé dans l'intérieur du Temple, et que la chapelle érigée par Bonne de Bourbon a été détruite entièrement. Dans l'état actuel, l'Église d'Hautecombe présente une nef assez longue, accompagnée de deux bas côtes très-étroits. La croisée est surmontée d'une petite coupole. A droite et à gauche du chœur sont deux grandes chapelles, la première est celle de S^t. Michel, la seconde est la chapelle des Princes ; à l'entrée de la nef se trouve la chapelle de Belley, qui sert de vestibule à l'Église lorsqu'on entre par la porte latérale de cette chapelle, qui, ainsi que les deux autres, est telle maintenant qu'elle existait dans le 14.e siècle. On voyait jadis sur la droite de l'Église (en entrant par la porte dont nous venons de parler), la chapelle fondée par Humbert de Savoie, fils naturel d'Amedée VII. ; sa dégradation était entière et l'on voit à la place une élégante chapelle, de forme circulaire, ornée de huit colonnes ioniques et dédiée à S^t. Felix, Patron de l'auguste restaurateur de ce temple. Ce petit édifice n'est éclairé que par une ouverture pratiquée dans le centre de la coupole ; cependant la lumière réfléchie par la blancheur éblouissante des colonnes, et de toute l'architecture intérieure est si éclatante, qu'en entrant dès la nef, dont le jour est moins vif, il semble qu'on se trouve dans un lieu entièrement découvert. Le dessin de ce petit *sacellum* est d'un goût très-pur et annonce un véritable talent chez l'architecte.

Les chapelles d'Hautecombe étaient décorées extérieurement et intérieurement d'une quantité considérable de petites statues d'un travail assez fini pour l'époque où elles avaient été sculptées. Elles étaient en général faites d'une pierre à grain tendre non susceptible de poli, assez semblable par sa cassure et la faculté de résister à l'action de l'air, même à l'exposition du nord, à la pierre de la carrière de *Fey* près de *Belley;* il ne reste plus qu'une ou deux de ces statues, d'autres statues d'égales dimensions les ont remplacées. Elles sont dues, ainsi que tous les bas-reliefs des monumens, au ciseau des frères Cacciatori, sculpteurs d'une réputation distinguée qui s'accroîtra encore par leurs travaux à Hautecombe. La facilité avec laquelle la pierre de Seyssel qu'ils ont employée pour leurs ouvrages, se laisse ciseler, donne à ces ouvrages un caractère de hardiesse et de franchise d'exécution, qu'il est difficile de rencontrer dans la sculpture sur marbre.

Il serait fort inutile, Monsieur, de vous faire connaître le Catalogue de plus de soixante statues ou bas-reliefs qui décorent maintenant l'intérieur de l'Église d'Hautecombe, une pareille connaissance ne peut avoir d'attrait que pour l'artiste ou pour le voyageur; d'ailleurs les éloges donnés à chaque ouvrage, quelques mérités qu'ils soient, ne sauraient avoir de prix qu'autant qu'ils sont accordés par de véritables connaisseurs. Il vous suffira donc de connaître les monumens restaurés, et les embellissemens les plus remarquables de l'Église, et des Chapelles.

La Chapelle de Belley, qui précède la nef, à été fondée en 1318 par Claude d'Estavayer, d'une illustre famille du Pays de Vand, dont l'attachement à la maison de Savoie occasionna, dans le 15.ᵉ siècle, le célèbre duel entre Gérard d'Estavayer, qui voulait venger la mort du Comte Rouge, et Othon de Granson, qui fut tué dans le combat. Cette Chapelle renferme le tombeau du fondateur, enchassé dans le mur, et orné de bas-relief. L'autel est décoré d'un beau tableau de M. Serangioli, représentant S. Bernard à genoux. S. M. a fait ériger dans cette Chapelle un Monument en marbre noir à la mémoire de son auguste sœur; ce marbre est certainement ce que cette Chapelle renferme de plus intéressant. Quel est celui qui pourrait passer devant ce simple monument, sans trouver un regret dans son cœur pour celle à qui il est consacré? Le séjour que Madame la Duchesse de Chablais a fait en Savoie est si récent encor! et son accueil bienveillant, et les bienfaits qu'elle a repandus autour d'elle ont laissé tant de souvenirs dans cette contrée!

Le premier tombeau que l'on rencontre en avançant dans la nef, est celui d'Humbert III; Ce monument est de la plus grande simplicité: sur un sarcophage de forme Gothique repose la Statue du Prince; il est revêtu d'une tunique et d'un manteau, aucun attribut ne semble indiquer sa dignité, et l'on dirait que l'intention de l'artiste a été de le réprésenter en habit de *religieux*.

La Chapelle de S.ᵗ Félix, qui se voit du côté opposé de l'Église, ne contient aucun tombeau, mais seulement la Statue d'Humbert Bâtard de Savoie, qu'on appelle quelquefois le Comte de Romont (quoique ce nom soit celui par lequel l'histoire désigne le Comte Jacques de Savoie frère d'Amédée IX.) Les cinq croissans qui brisent les armes de ce brave chevalier, dont les cendres reposent sous cette Chapelle, et les mots *Alayac* (Dieu soit avec nous) qui sont répétés sur ses habits, rappellent ses exploits et sa longue captivité dans l'Orient. La Statue de S.ᵗ Félix, les bas-reliefs et tous les ornemens de cette Chapelle sont comptés parmi les meilleurs ouvrages des frères *Cacciatori*.

Le Mausolé d'Aymon et d'Yolande de Montferrat est placé sous l'arc du mur qui sépare le Chœur et la Chapelle des Princes. C'est un beau monument Gothique, dans le vrai style du 14.ᵉ siècle. Le tombeau est un socle de forme rectangulaire ; deux piliers Gothiques tronqués divisent la face de ce tombeau en trois parties. Cette face est décorée par sept petites statues de *pleureuses*, dont les costumes et l'attitude sont très-variés. Le Comte Aymon est armé de toutes pièces, son casque est d'une grande simplicité. De petits baldaquins artistement travaillés sont au-dessus de sa tête et de celle de sa femme. La Chapelle des Princes, qui est derrière ce monument, est la plus riche en peinture et en décoration; on y remarque entr'autres douze figures de grandeur naturelle placées dans des niches de style Gothique, peintes à l'huile par *Vacca.*

Le Mausolée de Louis, Baron de Vaud, et de Jeanne de Montfort, sa femme, est placé de la même manière que le précédent, entre le Chœur et la Chapelle de S'. Michel, le style en est beaucoup plus simple. Les deux statues sont revêtues de longues tuniques. Celle de Jeanne de Monfort enveloppe entièrement ses pieds. Leurs mains ne sont pas jointes comme dans presque tous les monumens de cette époque. Celle de Louis de Savoie parait soulever sa tunique. Deux petits anges sont auprès de chaque tête.

Enfin, le tombeau de Boniface de Savoie, Archevêque de Cantorbery, placé derrière l'Autel, est supporté par six génies agenouillés sur des socles octogones. Le baldaquin qui semble couvrir la tête du Prince sort de l'extrémité de deux colonnes Gothiques, et ses pieds reposent sur deux serpens enlacés.

Le grande nombre de statues placées dans le Chœur et les Chapelles latérales donnent à cette partie de l'Église une apparence gé-

nérale de décoration et de richesses. Le pla-
fond du Chœur a été peint par les frères *Vacca*.
Ces peintures, qui réprésentent divers traits de
la vie de S. Bernard, réunissent l'éclat de la
fresque au fini des tableaux peints à l'huile.
On peut en dire autant des quatre Évangélistes
placés dans les pendentifs de la Coupole.

Il est presqu'incroyable que, dans un inter-
valle de moins de deux ans cette Église ait
été relevée de ses ruines, décorée par l'art
du peintre et du sculpteur, et que tous les
monumens qu'elle renferme aient été replacés;
de tous les genres de décoration, la sculpture
est sans contredit celui qui exclût davantage
le mérite de la célérité. Mais l'étonnement
s'accroît encor lorsqu'on apprend que dans le
même espace de temps, les bâtimens de l'abbaye ont été restaurés et disposés pour recevoir
leurs Majestés et leur cour, et pour loger les
religieux qui y ont été appelés. Ces bâtimens
forment un édifice carré au milieu duquel
est une cour de grandeur moyenne, entourée
d'un cloître en arcades. Les appartemens de
leurs Majestés sont décorés et meublés avec
simplicité, mais avec élégance. Les plafonds
sont ornés de médaillons et d'arabesques, où
l'on reconnaît toute l'originalité du talent
des *Vacca*.

Les dépenses véritablement royales que S. M.
a faites à Hautecombe n'ont pas seulement été

consacrées à l'embellissement et à la décoration, on n'a rien négligé de ce qui pouvait
contribuer à la solidité de l'édifice, et à sa
conservation. On a déjà vu que le Monastère
et la nef de l'Église avaient été reconstruits
au milieu du dernier siècle, et quant aux
chapelles gothiques, leur construction n'a pas
souffert sensiblement pendant six cent ans.
Nous pouvons donc espérer que de longues
générations béniront encore la piété et la libéralité du Roi CHARLES FÉLIX, et que son
œuvre protégée par le ciel bravera long-temps
encore l'effort des siècles.

TROISIÈME LETTRE.

La conservation des dépouilles mortelles des
Princes de Savoie à travers les dévastations et
les hideuses orgies de la révolution française
paraît avoir quelque chose de miraculeux :
tant de profanations ont été commises dans
les asyles des morts, qu'on a peine à croire
qu'il puisse exister encore des cendres royales

sous le sol qu'elle a bouleversé. Qui peut affirmer en effet qu'il nous resterait aujourd'hui quelque chose de plus que la mémoire de ces Princes, si au lieu de choisir leurs tombeaux au milieu des rochers, ils l'eussent placé au milieu des hommes ? Mais de pareils forfaits ne sont jamais commis sans témoins ni conçus de sang froid ; ce n'est que dans l'exaltation fébrile de la perversité humaine, dans ces horribles rassemblemens où le crime veut les applaudissements du crime, où le scélérat sent doubler sa force par le sentiment du nombre, que de pareils attentats peuvent être exécutés; mais, que deux ou trois émissaires débarqués sur cette rive presqu'inhabitée, éloignés de ceux qui auraient applaudi à des scènes de profanation, et n'ayant pour témoins que des personnes dont l'opinion politique leur était inconnue, eussent goûté l'affreuse jouissance d'exhumer quelques ossemens du fond des souterrains qui les renfermaient, qu'ils les eussent dispersés ou détruits, cela n'est pas vraisemblable, le cœur humain, même corrompu, ne commet pas de tels crimes sans intérêt et sans motif.

Lorsque la nouvelle de la restauration prochaine d'Hautecombe se répandit en Savoie, la satisfaction y fut universelle. Dépuis quelques années nous avions désiré en silence le rétablissement des monumens de nos Souverains.

Mais cette mesure paraissait présenter de si grandes difficultés, qu'on n'osait exprimer un vœu dont l'accomplissement semblait presque impossible. Quelle fut donc notre joie lorsque nous apprîmes que non seulement Charles Félix avait conçu l'heureux dessein de relever les tombeaux de ses ayeux, mais que la fondation d'un Monastère, et l'entière restauration d'Hautecombe entrait dans ses plans, dont l'exécution allait s'entreprendre avec une rapidité qui tenait du prodige ?

C'est dans le voyage que S. M. avait fait en Savoie dans l'été de 1824, qu'Elle donna les ordres nécessaires pour l'accomplissement de ce magnifique dessein. La propriété d'Hautecombe fut rachetée avec les fonds particuliers de sa caisse. L'Architecte reçut l'instruction de ne s'écarter en rien de l'ancienne disposition des lieux, et de préparer les bâtimens de l'Abbaye pour l'établissement de la Communauté religieuse que le pieux Monarque se proposait d'y placer; des peintres et des sculpteurs d'une réputation distinguée y furent appelés pour relever les monumens et décorer l'Église.

D'après les mêmes ordres, on procéda, dans le mois de Février 1825, aux informations qui devaient constater la conservation et l'identité des dépouilles mortelles déposées dans ce lieu. Il fut reconnu que la violation des monumens

s'était bornée à la mutilation des tombeaux,
à la destruction des armoiries, et à l'enlève-
ment du plomb de quelques cercueils, mais
que les ossemens avaient été laissés sur place,
il était avéré d'ailleurs qu'aucune personne
étrangère à la maison de Savoie n'avait été
inhumée dans l'intérieur de l'Église. Des gens
de l'art furent ouïs sur l'objet de ces recherches, et d'après le résultat des informations,
l'identité des ossemens et des restes des Princes
de Savoie fut déclarée être dument et authen-
tiquement constatée. Cette déclaration fut donnée par Monseigneur l'Archevêque de Chambery, en présence des premières Autorités du
Duché, et ces restes furent renfermés dans
des cercueils scellés, jusqu'au moment où ils
pourraient être transférés dans les monumens
qui devaient les recevoir.

L'œuvre entière de cette restauration se
trouvait achevée dans le mois de juillet de
cette année, à l'époque du voyage de leurs
Majestés en Savoie, grace à la munificence
vraiment royale de Charles Félix, et au zèle
avec lequel ses volontés avaient été exécutées.
Le 3 Août suivant, la Cour quitta le château
de Chambery pour se rendre à Hautecombe.
Le surlendemain, l'Archevêque de Chambery
consacra l'Église et la nouvelle Chapelle de S.
Félix ; malgré la longueur des rites que la
Liturgie Romaine prescrit pour la consécration

des lieux Saints, LL. MM. voulurent assister à cette solemnité, que tant de souvenirs rendaient plus imposante encore. L'année où ce Temple était rendu à la religion commençait exactement le huitième des siècles qui s'étaient écoulés dès l'époque où les religieux de S. Basile étaient venus prendre possession de la solitude d'Hautecombe.

Le 6 Août était le jour fixé pour la Translation des dépouilles mortelles des ancêtres de S. M. Tout était préparé pour cette imposante cérémonie, qui, se rattachant d'un côté au triomphe de la Religion, et de l'autre à la Majesté du Trône, devait réunir à la fois les pompes humaines et celles du culte de nos pères. Notre Souverain avait appelé auprès de lui les Chevaliers de l'Ordre Suprême de l'Annonciade ; ils étaient là, comme pour représenter cette ancienne chevalerie de Savoie qui avait toujours entouré nos Princes; un grand nombre de personnes appartenantes aux premières charges de l'état, ou aux plus grandes familles du Royaume, avaient été invitées aux cérémonies de la translation. Mais l'appareil de cette journée, eût il été plus brillant encore, n'aurait pas attiré l'attention; la pensée et les regards étaient fixés sur le Prince qui, pour couronner sa noble tâche et pour honorer la mémoire de ses ancêtres avait voulu rendre cette solemnité plus grande.

en assistant avec la Reine à des cérémonies si augustes, mais, hélas, si douloureuses!

Monseigneur l'Archevêque, accompagné de LL. EE. les Chevaliers de l'Ordre, se rendit pour la reconnaissance des sceaux, dans la sacristie où étaient déposés les cercueils. Les dépouilles révérées des Princes de Savoie furent ensuite transportées processionnellement dans l'intérieur de l'Église, et après les prières funèbres, elles furent replacées dans les tombeaux où elles devaient retrouver leurs anciennes places; pendant ce temps, notre pieux Monarque et cette Reine si digne de lui, mêlaient dans un profond recueillement leurs prières aux chants de l'Église, ils priaient, et notre sublime religion leur donnait la force de supporter tout ce que cette lugubre solemnité rappelait pour eux d'amers et récens souvenirs; Ils demandaient au ciel un repos éternel pour leurs nobles ayeux; mais, sans doute, ce qu'ils demandaient était accordé dès long-tems, et ces Princes religieux étaient alors prosternés au pied du Très-haut, et le priaient de récompenser CHARLES FÉLIX et de protéger leur patrie.

Le jour suivant, un service solemnel fut célébré pour tous les Princes ensevelis à Hautecombe. Le Ministre d'État, Sécrétaire du cabinet, fit la lecture de la charte de fondation du monastère, et les religieux de l'ordre de

S. Bernard furent mis en possession de l'Abbaye et des revenus considérables dont S. M. l'avait dotée, ainsi que d'une très-riche Sacristie.

Telle fut la restauration d'Hautecombe; mais le zèle de notre Monarque pour la gloire de Sa Maison ne s'était pas arrêté là. Dans le même temps, il avait fait rétablir avec magnificence le monument d'Humbert *aux blanches mains*, placé sous le portique de la Cathédrale de S. Jean-de-Maurienne, monument déjà restauré dans le dernier siècle, mais dont il ne restait plus qu'un bas-relief.

Ces hommages publics rendus aux ancêtres de la Maison Régnante avaient rajeuni le souvenir de leur antique gloire, et dans toutes les provinces de l'État, le tribut de la reconnaissance ou de la vénération venait se joindre au tribut de la piété filiale de S. M. pour ses Augustes Ayeux. Mais, ce n'est pas seulement dans les contrées où la restauration d'Hautecombe était d'un intérêt national, que cette grande et heureuse pensée a réuni l'assentiment et le suffrage universels; elle a reçu ailleurs les acclamations de tous les hommes de bien, qui veillent auprès des saines doctrines et des principes conservateurs des monarchies, qui croyent, que jamais la Majesté Royale n'eut besoin d'être entourée de plus d'hommages extérieurs. Ils ont remercié le Restaurateur d'Hautecombe de n'avoir pas cru que la des-

truction des tombeaux de ses ayeux fut au
nombre de ces malheurs inséparables des grandes convulsions politiques, pour lesquels notre
malheureux âge n'a d'autre remède et d'autre
consolation que le mot d'*oubli*. La fidélité ne
restreint pas son culte aux Monarques vivans,
et partout où elle existe encore en Europe,
elle se réjouit de la sage et grande leçon que
Charles Félix a donnée aux Rois et aux
Peuples, en rendant les cendres de ses Ayeux
aux respects de ses sujets, et en les repla-
çant sous l'ombre tutélaire de la Religion.

QUATRIÈME LETTRE.

L'Abbaye d'Hautecombe ne renfermait pas
seulement les dépouilles mortelles des Comtes
de Savoie; elle conservait encore ce qu'ils
avaient laissé de plus précieux sur cette terre,
l'histoire de leurs hauts-faits et de leurs vertus. L'ancienne Chronique de Savoie (de la
fin du 14.ᵉ siècle) était déposée dans la chapelle des Princes, et les antiquités d'Haute-

combe étaient en outre considérées dès long temps comme les archîves de l'histoire de ce pays. Dès la fin du 18.ᵉ siècle. " Cette en-
„ ceinte sacrée était ordinairement visitée par
„ ceux qui voulaient rechercher la généalogie
„ de la Royale Maison de Savoie, et examiner
„ les monumens transmis par les temps pas-
„ sés, les armoiries, les devises, les emblêmes,
„ les tîtres gravés sur les inscriptions, les
„ épitaphes et les tombeaux, toutes choses
„ qui sont d'un grand secours à celui qui
„ veut écrire l'Histoire. „ (*Theat. Sab. et Pedem.*). Le titre de la Chronique d'Haute-combe était admirable, et bien digne de la franchise de ces temps et de ces contrées. *S'ensuit la généalogie des illustres Seigneurs Comtes de Savoie jadis, leurs prospérités, accrôissement d'honneurs et tîtres de biens, et aussi de leurs adversités.* Tous les états ont eu leurs vieilles Chroniques, mais leurs souverains auraient-ils tous voulu qu'elles conservassent la mémoire de leurs adversités, ou que le livre de leurs vies et de leurs actions fût ouvert auprès de leur tombe ?

Cette Chronique, quoique clouée sur des ais, s'est égarée à l'époque de la destruction des Monastères, ainsi qu'une autre Chronique écrite en langue latine, et tous les efforts qu'on a tentés pour les retrouver ont été sans succès. Il serait bien désirable que l'Abbaye d'Hautecombe pût recouvrer une copie d'une de ces Chroniques, dont quelques exemplaires doivent encore exister en Piémont. Mais il serait plus à désirer encore de voir publier par quelque écrivain de talent une nouvelle Chronique des Comtes de Savoie, dégagée des narrations souvent romanesques de l'ancienne, et assez bien faite pour devenir populaire dans ce pays. C'est une chose inexplicable, qu'une des contrées les plus rénommées par l'attachement des habitans à leur patrie, soit celle où l'ignorance de l'histoire nationale est la plus entière, même dans les classes instruites. Cette indifférence ne peut s'attribuer qu'au défaut d'une histoire de nos Souverains qui puisse réveiller cet amour du sol natal si enraciné en de-çà comme au de-là des Alpes. Cet amour n'est pas toujours exempt d'imperfections, il a par fois quelque chose de trop exclusif et de trop circonscrit ; mais ce défaut est souvent sans danger. Le jeune homme qui a quitté les vallées de Tarentaise pour servir sous les drapeaux de son Souverain donnera les plus belles pages de l'histoire de notre Monarchie, pour celle où il verra ses ayeux s'insurgeant contre les armées françaises en faveur de Charles III , et les repoussant hors de leur province ; et les généreuses et belles défenses de la Ville de *Coni* seront toujours plus intéressantes pour l'habitant de cette ville, que

tous les autres événemens des guerres du Piémont. Des hommes du mérite le plus distingué
ont écrit naguères sur l'histoire de leur pays :
Nous avons des *Mémoires historiques* sur la
maison de Savoie, où l'on trouve autant de
talent que de loyauté ; mais effrayé par le
manque de matériaux et le peu d'importance
des événemens rapportés dans nos anciennes
Chroniques, l'historien n'a réellement commencé
son travail qu'au 15.ᵉ siècle, et s'est contenté
de donner un apercu général des temps an-
térieurs ; et c'est précisément dans ces temps
que l'histoire locale du pays de Savoie fait
la plus importante partie de l'histoire de la
maison de ce nom.

On objectera peut-être que l'histoire de
ces anciens temps étant inséparable de celle
des autres états que la Maison de Savoie possédait alors, il n'y aurait pas de motifs suffi-
sans pour la détacher de l'histoire des siècles
suivans ; mais il faut observer qu'une Chronique des Comtes de Savoie sur de nouveaux
matériaux et sur les pièces originales, est une
entreprise suffisante pour occuper plusieurs
années de la vie d'un historien, et que d'ailleurs le défaut principal de cette histoire étant
la rareté des faits, elle devrait nécessairement
être très-détaillée, pour renfermer au moins
tous ceux qu'on pourrait découvrir, ce qui
romprait les proportions qu'elle devrait avoir

avec l'histoire générale de notre Monarchie ;
et si l'on voulait écrire les événemens des
siècles suivans sans en omettre aucun, l'ouvrage serait volumineux outre toute mesure.
Si, pour éviter ce défaut, on voulait borner
la Chronique des Comtes de Savoie aux événemens importans en politique, cette histoire
n'aurait que quelques pages et n'inspirerait
aucune curiosité.

La plus grande difficulté est donc de rendre
cette Chronique intéressante pour la généralité
des lecteurs, au moins dans notre pays. L'ouvrage de Guichenon ne prévient pas favora-
blement sur le succès d'une semblable entreprise ; mais Guichenon semble avoir pris à
tâche de supprimer toutes les circonstances
de détail, qui seules peuvent donner de l'intérêt à une narration. D'ailleurs le perpétuel
mélange de l'histoire avec les discussions gé-
néalogiques et diplomatiques en rend la lecture
insupportable. Si l'on ajoutait aux faits qu'il rap-
porte, tout ce qu'il serait possible de recueil-
lir dans les Chroniques, mémoires, titres, etc.
des provinces qui faisaient partie de la Savoie
aux 13.ᵉ, 14.ᵉ e 15,ᵉ siècle, où elle s'étendait
de Fribourg à Lyon, et tout ce que pourrait
fournir les archives de notre Monarchie, ainsi
que les travaux de plusieurs érudits Piémon-
tais, il y en aurait assez pour composer une
Chronique pleine d'intérêt sur ces temps che-
valeresques.

Un autre motif de désirer une nouvelle Chronique de Savoie, naît encore des erreurs de toutes les autres histoires sur le commencement de l'illustre Maison qui règne sur nous. Les importantes recherches qui ont été faites en Piémont sur les antiquités nationales, vers la fin du dernier siècle, ont démontré qu'à l'époque où l'on place ordinairement la première apparition de cette auguste famille dans le Comté de Maurienne, elle était déjà possessionnée dans la Val d'Aoste et dans le Vallais (1), et que dès le premier siècle de sa puissance, elle avait déjà le droit entièrement régalien de battre monnaie, droit que n'avaient pas à cette époque les plus puissans Marquis d'Italie. Mais ces recherches ont été jusqu'ici inconnues en Savoie; et dans plusieurs ouvrages publiés dès lors des deux côtés des Alpes, on dépeint encore Humbert comme un commandant militaire de Conrad le Salique, ou comme un prince resserré dans le comté de Maurienne (2).

Mais, en révenant à la Chronique d'Hautecombe, il paraît qu'à part les récits fabuleux qui, dans toutes les vieilles histoires, accompagnent la naissance des états, et qu'on peut bien passer à nos Chroniques comme on les passe aux historiens de l'ancienne Rome, elle mérite plus d'égards que ne lui en ont accordé Guichenon, et presque tous nos historiens modernes, qui n'ont connu l'histoire de leur pays que dans celle de Guichenon. Elle a été souvent contredite fort mal-à-propos, et plusieurs des faits sur lesquels on n'a pas voulu le croire méritent d'être examinés de nouveau. C'est en vain que depuis deux cent ans on essaye de détruire son témoignage sur l'origine de la Maison Royale de Savoie, on n'a jamais pu lui opposer que des systêmes hypothétiques, dont aucun n'a encore pu prévaloir sur les autres. Cette intéressante question ne sera probablement jamais résolue, mais la discussion ne sera pas abandonnée de long-temps. Dès un demi siècle, deux nouvelles opinions ont été avancées parmi nous, l'une qui se rattache aux Comtes de Walbeck, et l'autre aux Rois d'Italie; mais ni l'une, ni l'autre n'ont réuni les suffrages, avec cette différence cependant, que la première peut-être regardée comme insoutenable, tandis que la seconde n'a d'autre défaut, quoiqu' assez vraisemblable, que celui d'être appuyée sur des inductions trop faibles pour combattre l'autorité de la tradition. Nos Souverains ont toujours laissé la plus grande liberté à ces discussions, et leur ont même quelquefois accordé de l'intérêt.

Les commencemens de la maison de Savoie ne sont pas seulement propres à exciter les travaux des érudits, ils fournissent encore à celui qui aime l'histoire de notre patrie, de grandes et utiles réflexions. Lorsqu'on voit en effet cette longue suite de bons princes , commencer par cet Humbert *aux mains pures ,* qui, presque seul parmi les grands Vassaux du Royaume de Bourgogne, dédaigna les chances d'agrandissement que lui offrait la faiblesse et les malheurs du dernier Rodolphe, et resta toujours fidèle à sa cause , lorsqu'on voit cette illustre Dynastie arriver à CHARLES FÉLIX n'acceptant un trône qu'à regret et pour sauver son peuple, et qu'entre les deux extrémités de cette chaîne, on rencontre cet Amédée qui abandonna , pour assurer la paix du monde Chrétien , cette triple couronne qu'il n'avait ceinte que pour fermer les plaies de l'Église, on reconnait avec orgueil que jamais race royale ne fût douée par le ciel de plus de désintéressement, et de plus de véritable grandeur, de cette grandeur qui est applaudie parmi les anges comme chez les hommes, et qui est admirée par le sage , comme par le vulgaire.

Et si nous réfléchissons que la puissance et le nom de ces Vassaux révoltés contre leur infortuné Suzerain ne sont plus depuis plusieurs siècles, et que la maison d'Humbert règne encore au milieu de nous, plus puissante, plus honorée que jamais , pourrions nous ne pas apercevoir le sceptre de la Providence, et méconnaître la protection du Ciel sur cette famille , protection qui s'est étendue sur leurs

sujets, ou en récompense de la vertu des princes, ou en récompense de la fidélité des peuples! Battu par le vent de l'adversité, deux
fois le vaisseau de l'état a presque *disparu*
sous les vagues, mais elles ne l'ont pas en-
glouti, et, s'il est permis de se servir de l'ex-
pression de Bossuet, les justes décrets de Dieu
sur notre patrie n'ont pas été des jugemens de
rigueur; mais des jugemens de *Miséricorde*
tels que ceux dont il se servait, pour ramener à lui le peuple qu'il aimait.

(1) **L**e systême de M. le Collatéral Durandi d'après lequel la Maison de Savoie aurait déjà possédé sous les Rois de Bourgogne presque toutes les provinces qu'on a cru lui avoir été concédées postérieurement par les Empereurs, ne peut qu' acquérir un nouveau dégré d'évidence par des nouvelles recherches: outre les documens qui ont servi de base à son opinion, on voit dans la Charte d'Humbert Ier, de 1041, qu' il y rappelle une donation *par lui faite* à l'Évêque *Theubaldus*, or le Théobald, 23.e Évêque de S. Jean-de-Maurienne, était mort avant 1012. Ce qui est bien antérieur à tous les autres actes où Humbert a paru. Mais un document plus précieux encore nous est fourni par l'Historien du Dauphiné qui en parlant de l'ancien Comté de *Salmorens* qui renfermait une grande partie du Viennois ajoute, que sous le règne de Rodolphe III, la Maison de Savoie possédait déjà quelqu' autorité sur ce Comté, car l'Évêque *Hugues* ayant fait une concession de terre à un particulier, le Comte Humbert et sa femme furent présens à l'acte et l'approu-vèrent, et leur sceau qui y fut apposé lui servit de confir-mation. Cette intervention de la Comtesse *Anchille*, ne peut se concilier avec une autorité temporaire.

Mais ce systême deviendra plus probable encore si l'on réfléchit que la Savoie des Romains, celle des Rois Bour-guignons, et celle de Charlemagne, était une province considérable, que par conséquent après la réunion du Royaume de Provence à celui de la Bourgogne Transjurane, elle a dû former un des Comtés les plus étendus de ce dernier Royaume, et que le Comte Humbert dont le nom et le titre sont les seuls qui paraissent dans un grand nombre d'actes passés dans les divers points de ce Comté sous le Roi Ro-dolphe, était bien sûrement le Seigneur de ce Comté, qui avait dû devenir héréditaire dans sa famille, en même temps que tous les autres Comtés de Bourgogne l'étaient devenus, mais que l'autorité de ce prince dans son Comté, bien loin d'augmenter comme on le croit communément, a dû diminuer considérablement dès la révolte des vassaux Bourguignons contre Rodolphe, dont Humbert avait suivi le parti, qu'elle à dû se réduire à un droit de suzeraineté contesté et méconnu, presque anéanti enfin sous Frédéric Barberousse qui immédiatisa les Évêques et presque tous les Seigneurs de Savoie. Il n'est pas possible d'expliquer autrement que par ce système, pourquoi Humbert était possessionné dans tant de contrées diverses, et pourquoi ses descendans ont possedé, sans titre connu, la plupart des provinces de l'ancienne *Sabaudia*, et ont toujours prétendu l'hommage de celles qu'ils ne possédaient pas, hommage dont ils croyaient si bien avoir le droit qu'ils le remettaient souvent au jugement d'arbitres.

(2) Cette opinion a pris naissance dans l'inscription des Chanoines de Maurienne, et dans les Chartes d'Humbert II, d'Humbert III, et de Thomas qui prenaient presque toujours le titre de Comtes de Maurienne; mais il faut observer que les deux derniers ont pris plusieurs fois le titre de Comte de Savoie et qu'antérieurement à eux Amé III l'avait pris dès 1125, en sorte que toute la priorité prétendue du Comté de Maurienne se réduit à deux Chartes d'Humbert II, qui ont précédé celle de 1125. Mais cette induction s'évanouit entièrement si l'on observe, qu'antérieurement à tout cela, les monnaies de la Maison de Savoie portaient déja le nom de Savoie, que toutes les Chartes (sauf une) dans lesquelles Humbert I.er et Amédee I.er ont pris le titre de Comte ont été données hors de la Maurienne, enfin que le nom de Maurienne n'a jamais été employé *patronymiquement*, les cadets et les femmes portaient toujours le nom de Savoie, *de Sabaudia*. Quant à l'inscription de S. Jean-de-Maurienne, elle se contredit elle même. Car si Humbert aux blanches mains a été *d'abord* Comte de Maurienne et *ensuite* de Savoie, Amédée et Boniface ne l'ont pas été *ensuite* d'une possession précédente du Comté de Maurienne, mais ils ont dû être Comtes de Savoie en commençant leur Règne.

www.ingramcontent.com/pod-product-compliance
Lightning Source LLC
Chambersburg PA
CBHW061706060726
47597CB00006B/2218